# Zeca Cata Trecos

## e o Mapa do Tesouro

ESCRITO E ILUSTRADO POR

Jótah



Paulinas

**Dados Internacionais de Catalogação na Publicação (CIP)**
**(Câmara Brasileira do Livro, SP, Brasil)**

Jótah
Zeca Catatrecos : e o mapa do tesouro / escrito e ilustrado por Jótah. – São Paulo : Paulinas, 2012. – (Coleção magia das letras)

ISBN 978-85-356-3097-8

1. Literatura infantojuvenil I. Título. II. Série.

12-13311 CDD-028.5

**Índices para catálogo sistemático:**
1. Literatura infantil 028.5
2. Literatura infantojuvenil 028.5

1ª edição – 2012
2ª reimpressão – 2018

Direção-geral: *Bernadete Boff*
Editora responsável: *Maria Alexandre de Oliveira*
Assistente de edição: *Rosane Aparecida da Silva*
Copidesque: *Ana Cecilia Mari*
Coordenação de revisão: *Marina Mendonça*
Revisão: *Sandra Sinzato*
Assistente de arte: *Ana Karina Rodrigues Caetano*
Gerente de produção: *Felício Calegaro Neto*
Produção de arte: *Wilson Teodoro Garcia*

**Paulinas**
Rua Dona Inácia Uchoa, 62
04110-020 – São Paulo – SP (Brasil)
Tel.: (11) 2125-3500
http://www.paulinas.com.br – editora@paulinas.com.br
Telemarketing e SAC: 0800-7010081

Este é o Zeca!

Zeca Catatrecos,
com seu carrinho reco-reco,
ele cata baracutecos.

Ele inventa 1000 brincadeiras,

usando a imaginação:

 de madeira,  de papel

e até um UNIVERSO inteiro, feito

com 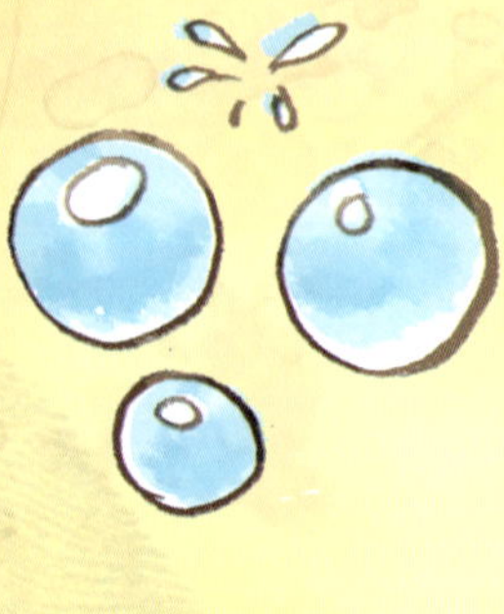 de sabão.

Inventa

em , na 

,

na praça, na Rua...

 inventa tanto, que alguns

acham que ele vive no 

da .

Em seu  de madeira,

prende um cabo de 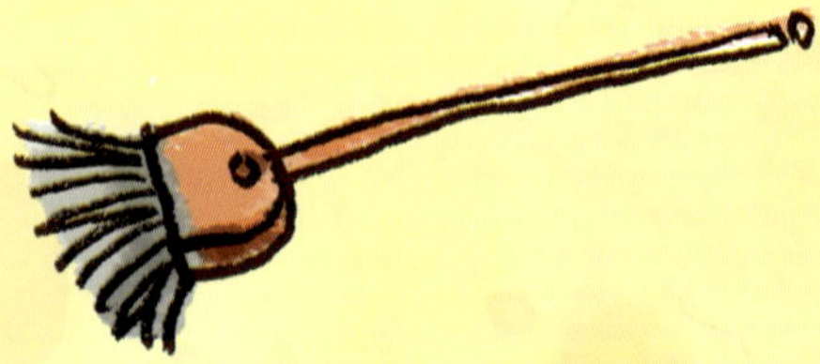

e com um pano de prato

faz uma , surgindo, assim,

Pérola Negra, seu .

Ele convida 2 AMIGOS nota 10,

Zero Berto e 1 Berto,

para compor a tripulação

dessa DIVERTIDA brincadeira.

 desenha numa  de papel

um  do 

e, com folha de 

, faz seu

 de capitão.

Coloca no ombro um ,

feito com uma  cheia de

ALGODÃO e o chama

de louro João.

Levanta as 

e, erguendo a sua  de

MADEIRA,  parte com a galera inteira, numa

Aventura

sem igual, em busca do  escondido

nos cantos do quintal.

Usando a IMAGINAÇÃO, inventam

que procuram o tal TESOURO.

Que LEGAL!

Nesta brincadeira MALUCA,

o faz de conta TRANSFORMA

em  3 latas de lixo

reciclável: .

# SENSACIONAL!

 pega o ,

seu  de capitão,

e com seus bons 

sai em busca

do  escondido, contando

PASSOS no chão.

Com VOZ de apresentador

de  , ele conta sua história

com muita EMOÇÃO :

" No fim do QUARTEIRÃO,

no começo da 3ª Rua,

na 2ª QUADRA,

há 3  :

um GRANDE, um MÉDIO

e um PEQUENO.

1 Berto mora no 1º e

Zero Berto no 2º,

mas vocês devem ir ao 3º

e subir até o 5º andar.

Chegando lá, vocês devem entrar no 4º.

Sobre a quina da 

há um TERNO

que tem no bolso 3 perguntas:

1ª) O que pesa mais: **1 kg** de CHUMBO

ou **1 kg** de ALGODÃO ?

2ª) O que é maior: $\frac{1}{3}$ ou um $\frac{1}{4}$ ?

3ª) Quem de 20 cinco tira, com quanto fica?"

, então, fala para 1 Berto:

"Você, que é um CARA esperto,

responda 1º a 3ª pergunta."

# 1 Berto pensa... pensa...

e responde com outra charada:

"10 é 9?"

Os 

continuam a busca

conforme o  , seguem em

direção à  de raiz  .

Eles dão cinco PASSOS em

volta da e sobem nela para

saltarem de .

No caminho, IMAGINAM encontrar

muita com SEDE.

 coloca uma alça e uma 

no número 0, que vira um 

.

A ÁGUA

que de dentro sai é distribuída.

Mas a ÁGUA dada não subtrai

e sim soma.

E TODOS que dessa ÁGUA bebem

saciam a SEDE e percebem qual

DIREÇÃO seguir.

Dessa forma, já não são somente os 3.

Agora, juntos,

somam 4, 5, 6...

ALTO, BAIXO, LATINO,

AFRICANO, ITALIANO,

JAPONÊS...

Para seguirem um só capitão e,

com o , numa só direção.

Seguindo adiante percebem,

no CÉU, o  que canta

e o  que brilha.

Assim como o  mostra,

ESTREITO é o caminho que leva ao TESOURO.

 diz a todo  que, para encontrar

o , basta seguir em 

,

sem fazer uma CURVA sequer. E não

deve haver dúvidas quando surgirem

ENCRUZILHADAS, senão

o caminho não vai dar em nada.

O X no  do , que a princípio parecia tão distante,

ficava cada vez + perto e fascinante.

E finalmente, TODOS que caminharam juntos,

chegaram ao X da questão.

ACHARAM uma marca DESENHADA

próxima ao . Cavaram um 

no chão e encontraram um  muito lindo.

Ao abri-lo, maravilhou-se a multidão. Dentro dele

havia um  e nele estava escrito:

"Se querem o TESOURO, eis o caminho:

abram a 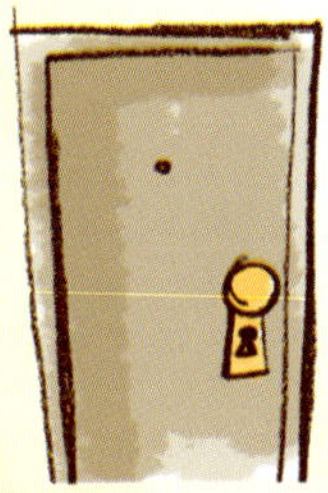 do .

Nele está guardada uma semente 

, que, se

plantada em bom chão, germina,

cresce e vira , dando frutos

que valem mais que OURO.

# Acreditem !

Em nosso  está nosso maior ."

Acaba a BRINCADEIRA

e some a multidão.

Teria sido somente IMAGINAÇÃO ?

Fica só  Catatrecos dentro do 

com o 

na  .

Quem 

de longe, 

que

esteja sozinho. Mas não é verdade.

Em seu  reco-reco,  está

catatraqueando...

Talvez esteja 

na tal semente guardada em seu  ...

Quem sabe um dia isso deixe de ser

só BRINCADEIRA e todo 

descubra o  escondido dentro de si, o qual BRILHA tão intensamente

quanto as 10enas, 100tenas de

1000hares

de  que

ficam no infinito CÉU.

Ao meu irmão Francisco que
me inspirou na criação deste personagem.
Verdadeiro catatrecos e meu
confidente nas invencionices da vida.

À professora Ana que me
incentivou a transformar
minha história de criança em livro.

Jótah